CONTEÚDO DIGITAL PARA ALUNOS

Cadastre-se e transforme seus estudos em uma experiência única de aprendizado:

1 Escaneie o QR Code para acessar a página de cadastro.

2 Complete-a com seus dados pessoais e as informações de sua escola.

3 Adicione ao cadastro o código do aluno, que garante a exclusividade de acesso.

2453800A8721942

Agora, acesse:
www.editoradobrasil.com.br/leb
e aprenda de forma inovadora e diferente! :D

Lembre-se de que esse código, pessoal e intransferível, é valido por um ano. Guarde-o com cuidado, pois é a única maneira de você utilizar os conteúdos da plataforma.

Editora do Brasil

CONHECER E TRANSFORMAR

[PROJETOS] Integradores

4

Componentes curriculares: **Arte, Ciências, Geografia, História, Língua Portuguesa** e **Matemática**.

Organizadora: Editora do Brasil

Editora responsável: Daniella Barroso
- Mestre em Geografia
- Docente em escolas públicas
- Editora de materiais didáticos

1ª edição
São Paulo, 2019

Dados Internacionais de Catalogação na Publicação (CIP)
(Câmara Brasileira do Livro, SP, Brasil)

Conhecer e transformar : [projetos integradores] 4 / organizadora Editora do Brasil ; editora responsável Daniella Barroso. -- 1. ed. -- São Paulo : Editora do Brasil, 2019. -- (Conhecer e Transformar)

Componentes curriculares: Arte, ciências, geografia, história, língua portuguesa e matemática.

ISBN 978-85-10-07578-7 (aluno)
ISBN 978-85-10-07579-4 (professor)

1. Arte (Ensino fundamental) 2. Ciências (Ensino fundamental) 3. Geografia (Ensino fundamental) 4. História (Ensino fundamental) 5. Língua portuguesa (Ensino fundamental) 6. Matemática (Ensino fundamental) I. Brasil, Editora do. II. Barroso, Daniella. III. Série.

19-27491   CDD-372.19

Índices para catálogo sistemático:
1. Ensino integrado: Livros-texto: Ensino fundamental 372.19
Maria Alice Ferreira – Bibliotecária – CRB-8/7964

© Editora do Brasil S.A., 2019
Todos os direitos reservados

Direção-geral: Vicente Tortamano Avanso

Direção editorial: Felipe Ramos Poletti
Gerência editorial: Erika Caldin
Supervisão de arte e editoração: Cida Alves
Supervisão de revisão: Dora Helena Feres
Supervisão de iconografia: Léo Burgos
Supervisão de digital: Ethel Shuña Queiroz
Supervisão de controle de processos editoriais: Roseli Said
Supervisão de direitos autorais: Marilisa Bertolone Mendes

Supervisão editorial: Priscilla Cerencio
Edição: Agueda del Pozo
Assistência editorial: Felipe Adão e Ivi Paula Costa da Silva
Copidesque: Gisélia Costa, Ricardo Liberal e Sylmara Beletti
Revisão: Flávia Gonçalves e Rosani Andreani
Pesquisa iconográfica: Daniela Baraúna e Priscila Ferraz
Assistência de arte: Lívia Danielli
Design gráfico: Narjara Lara
Capa: Andrea Melo
Imagens de capa: Tiwat K/ Shutterstock.com, nubenamo/Shutterstock.com e balabolka/Shutterstock.com
Ilustrações: Carlos Jorge, Hélio Senatore, Luca Navarro, Rafael Herrera e Vanessa Alexandre
Coordenação de editoração eletrônica: Abdonildo José de Lima Santos
Editoração eletrônica: Narjara Lara
Licenciamentos de textos: Cinthya Utiyama, Jennifer Xavier, Paula Harue Tozaki e Renata Garbellini
Controle de processos editoriais: Bruna Alves, Carlos Nunes, Rafael Machado e Stephanie Paparella

1ª edição / 1ª impressão, 2019
Impresso na Meltingcolor Gráfica e Editora Ltda.

Elaboração de conteúdos

Deborah Carvalho
Geógrafa, Mestre em Geomorfologia Urbana. Atua na área de meio ambiente e em produção de conteúdo.

Guilherme Aparecido
Professor de Biologia e Ciências na rede privada de ensino. Fundador do canal *InteraMENTE* no YouTube.

Hugo Richard Araújo
Bacharel em Química pela Universidade Estadual de Campinas. Professor das redes pública e privada em Campinas, SP.

Thiara Vichiato Breda
Doutora em Geografia. Professora do Departamento de Educação da Universidade Federal de Juiz de Fora. Autora de livros e do *blog Jogos Geográficos*.

Rua Conselheiro Nébias, 887
São Paulo, SP – CEP 01203-001
Fone: +55 11 3226-0211
www.editoradobrasil.com.br

Olá, você!

Este livro é um pouquinho diferente dos livros escolares: ele tem um monte de perguntas e algumas sugestões sobre como descobrir as respostas.

Há respostas que já foram encontradas por outras pessoas, afinal estamos no mundo há milhares de anos elaborando perguntas e respostas sobre tudo! Mas há algumas que ainda estão à espera de alguém que as descubra.

Neste livro, você encontrará jogos, brincadeiras, desafios e experimentos que vão transformá-lo em um explorador e estimulá-lo a ser um descobridor de coisas!

Formulamos cada projeto acreditando que toda criança é um mundo de possibilidades e talentos. Por isso, você pode se identificar muito com um experimento e não achar legal um jogo. Isso é natural, afinal somos diferentes e temos interesses diversos. Se você perceber que algum colega está desconfortável, enfrentando dificuldades, proponha a ele uma parceria e, juntos, façam descobertas. O que pode ser mais fascinante do que passar o ano escolar tentando decifrar mistérios com os colegas?

Torcemos muito para que você se divirta de montão!

Os autores

CONHEÇA SEU LIVRO

DE OLHO NO TEMA
Aqui você fica sabendo qual é o tema trabalhado no projeto e a importância dele em nossa vida.

DIRETO AO PONTO
Essa é a questão norteadora do projeto, que o guiará a novas descobertas a respeito do assunto trabalhado.

QUAL É O PLANO?
Indicações de qual será o produto final e as etapas principais do projeto, do início até a conclusão.

VAMOS APROFUNDAR
Atividades para você checar os principais conceitos estudados por meio de questões que requerem leitura, interpretação e reflexão.

VAMOS AGIR

Seção com atividades práticas: experimentos, criação de modelos, pesquisa, entrevistas etc.

REFLITA E REGISTRE

É nesse momento que você descobrirá algumas das conclusões após os experimentos e suas observações.

BALANÇO FINAL

Essa é a etapa em que você avaliará seu desempenho e o de toda a turma na execução do projeto.

AUTOAVALIAÇÃO

Essa é uma ficha para verificar as aprendizagens que você adquiriu durante o projeto.

SUMÁRIO

Cidades invisíveis 8
Qual é o plano? 9
Etapa 1 – Explorando o assunto 10
O que são microrganismos? 10
Microrganismos na produção de alimentos 18
Etapa 2 – Fazendo acontecer 20
Percurso 1 – As seções de uma revista científica 20
Percurso 2 – Elaboração das seções 22
Percurso 3 – Montagem da revista 23
Etapa 3 – Respeitável público.... 24
Balanço final 25
Autoavaliação 25

A vida dos objetos 26
Qual é o plano? 27
Etapa 1 – Explorando o assunto 28
Comprar e consumir objetos 28
O direito de consertar os objetos 32
Etapa 2 – Fazendo acontecer 40
Percurso 1 – Os verbetes da enciclopédia 41
Percurso 2 – Elaboração das instruções do verbete 42
Percurso 3 – Montagem da enciclopédia 43
Etapa 3 – Respeitável público.... 44
Balanço final 45
Autoavaliação 45

Direções cardeais: como se orientar?.......... 46

Qual é o plano? 47

Etapa 1 – Explorando o assunto ... 48
- A iluminação nos ambientes 48
- Orientação com as direções cardeais 56

Etapa 2 – Fazendo acontecer 58
- **Percurso 1** – Organização dos grupos ... 58
- **Percurso 2** – Localização do tesouro 59
- **Percurso 3** – Confecção do mapa do tesouro 60
- **Percurso 4** – O tesouro 62
- **Percurso 5** – Elaboração das regras e teste 65

Etapa 3 – Respeitável público 66
- Balanço final 67
- Autoavaliação 67

Por onde eu vou? 68

Qual é o plano? 69

Etapa 1 – Explorando o assunto .. 70
- Materiais que se aquecem e se resfriam 70
- A temperatura em Celsius 77

Etapa 2 – Fazendo acontecer 80
- **Percurso 1** – Um lugar para o jogo 80
- **Percurso 2** – Elaboração do jogo 82

Etapa 3 – Respeitável público 84
- Balanço final 85
- Autoavaliação 85

Encartes 86

Projeto

Cidades invisíveis

Lavar as mãos antes das refeições é uma orientação muito comum (e prudente) feita por nossos pais. Lavar frutas e verduras antes de comê-las também é importante.

Se deixamos alguma fruta fora da geladeira por muito tempo, ela apodrece – e cheira mal! A massa de pão cresce depois que colocamos fermento.

Pode até não parecer, mas todos esses eventos têm algo em comum: comunidades de bactérias tão pequenas que não conseguimos ver a olho nu, algo como "cidades invisíveis".

DE OLHO NO TEMA

Fungos e bactérias são exemplos de organismos invisíveis a olho nu que estão espalhados pelo ambiente. Eles estão em toda parte: no solo, na água e no ar.

Não existe ambiente livre de bactérias, mesmo que ele esteja extremamente limpo. E isso é bom, porque as bactérias e os fungos participam de importantes processos naturais.

No intestino dos seres humanos há várias bactérias que auxiliam na absorção de nutrientes necessários para a sobrevivência. No ambiente, há também bactérias e fungos que podem produzir alimentos conhecidos por nós. Existem até mesmo bactérias que reaproveitam as substâncias de animais e plantas mortos.

A massa do pão cresce graças à levedura, que é um tipo de fungo.

Quando determinadas bactérias e fungos agem em alimentos frescos – como o tomate –, podem estragá-los.

As bactérias são parte importante na produção do queijo.

Karl Allgaeuer/Shutterstock.com

DIRETO AO PONTO

Como as bactérias e outros microrganismos participam da produção e da decomposição de alimentos?

QUAL É O PLANO?

Elaborar uma revista científica sobre microrganismos. Para isso, vamos conhecer mais informações sobre os microrganismos e ajudar outras pessoas a também fazerem descobertas.

Etapa 1 – Explorando o assunto

- O que são microrganismos?
- Microrganismos na produção de alimentos

Etapa 2 – Fazendo acontecer

Percurso 1: As seções de uma revista científica
Percurso 2: Elaboração das seções
Percurso 3: Montagem da revista

Etapa 3 – Respeitável público

Como podemos divulgar o conteúdo da revista? Em papel? Ou podemos usar recursos digitais?

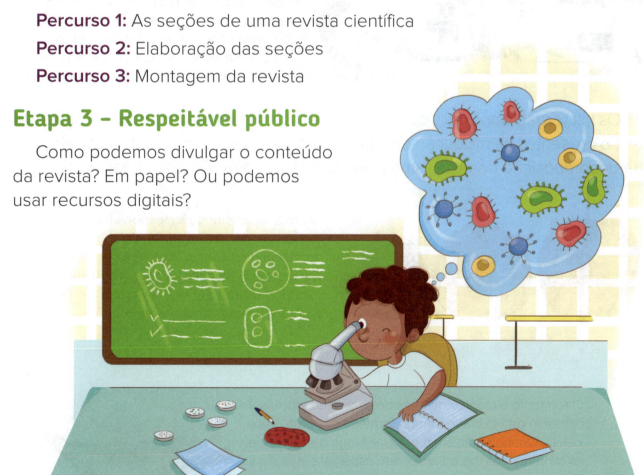

ETAPA 1 EXPLORANDO O ASSUNTO

O que são microrganismos?

Os seres vivos são formados por células, que são as unidades básicas da vida.

Nosso corpo, por exemplo, é constituído de bilhões de células. Há, porém, seres vivos formados apenas por uma única célula: são os microrganismos.

Os microrganismos são tão pequenos que nós, seres humanos, não conseguimos enxergá-los a olho nu.

Com o auxílio do microscópio, nós conseguimos enxergar detalhes minúsculos que não vemos a olho nu. Os microscópios usam lentes de aumento que podem até revelar as formas dos microrganismos.

Os microrganismos mais comuns são as bactérias e alguns tipos de fungo. Eles estão presentes na produção de alimentos e medicamentos. Também participam da decomposição de organismos, até que estes se desfaçam na natureza.

Os microrganismos são responsáveis por decompor os alimentos. Quando os armazenamos com cuidado, na geladeira, por exemplo, nós dificultamos o trabalho dos microrganismos, por isso leva mais tempo para alguns alimentos apodrecerem.

O fermento biológico que usamos em pães e bolos é composto de um tipo de fungo formado por uma única célula. Quando adicionamos esse fungo à massa, ele se alimenta dos ingredientes, em especial o açúcar, e libera um gás, que faz a massa crescer.

Há uma forma bem antiga de atrapalhar o trabalho dos microrganismos na decomposição dos alimentos: retirar a água deles. Você já ouviu falar em carne-seca ou charque? Conhece sopa em pó? Eles têm em comum um processo chamado desidratação. Saiba por que isso ocorre.

Todos os alimentos contêm água. É fácil perceber que existe água em um alimento líquido, como o leite. Mas o que você talvez não saiba é que alguns alimentos sólidos apresentam grande quantidade de água também. O tomate e a alface, por exemplo, têm cerca de 90% de água em sua composição! Espantoso, não?

Em geral, quanto mais água o alimento tiver, mais facilmente ele pode estragar-se. A razão é simples: a água é indispensável para o crescimento de microrganismos, seres vivos tão pequenos que somente é possível vê-los usando um microscópio. E a presença de microrganismos no alimento pode fazê-lo estragar-se. Portanto, a desidratação tem o objetivo de conservá-lo.

Luiz Carlos Trugo. Química para matar a fome. *Ciência Hoje das Crianças*, n. 126, 31 jul. 2014. Disponível em: http://chc.org.br/acervo/quimica-para-matar-a-fome. Acesso em: 9 mar. 2019.

Os microrganismos são fundamentais para manter várias formas de vida no planeta. Algumas algas são exemplos de microrganismos que vivem nos oceanos. Elas produzem a maior parte do oxigênio que respiramos!

VAMOS APROFUNDAR

1. Algumas espécies de animais têm dificuldade em digerir os alimentos. Uma dessas espécies são os coalas. Descubra no texto abaixo qual foi a solução encontrada pelos coalas para facilitar a digestão.

   Os coalas também têm problemas para digerir. Eles se alimentam de folhas de eucalipto, que são rígidas, têm muitas toxinas e são difíceis de digerir. Para extrair os nutrientes de sua dieta indigesta, os coalas precisam da ajuda de minúsculas criaturas microscópicas que eles têm no intestino, chamadas micróbios.

   Mas os filhotes de coala não nascem com esses ajudantes minúsculos, por isso a mãe coala lhes dá alguns dos que ela tem – alimentando os filhotes com um pouco do cocô dela, que é cheio desses micróbios intestinais!

   Nicola Davies. *Cocô: uma história natural do indizível*. São Paulo: WMF Martins Fontes, 2014. p. 12.

   - Por que a mãe coala dá seu cocô para os filhotes? O que essa atitude tem a ver com os microrganismos?

"Cidades invisíveis"

Nós vamos criar colônias de microrganismos usando organismos presentes em objetos cotidianos e até em nosso corpo.

Para isso, temos inicialmente de confeccionar um meio de cultura, ou seja, um ambiente com tudo de que os microrganismos precisam para se reproduzir.

Material:

- 1 batata cortada em fatias;
- 1 prato de sobremesa com folhas de repolho roxo cortadas;
- 3 pacotes de gelatina em pó incolor;
- 400 mL de água;
- 5 cotonetes;
- 5 placas de Petri;
- açúcar (uma colher de sopa);
- peneira;
- fita adesiva;
- panela de pressão;
- pote graduado (recipiente com marcação de quantidade de líquido);
- sal de cozinha (meia colher de chá).

Esta é uma placa de Petri.

Será preciso usar uma cozinha e ter a ajuda de um adulto para cozinhar a batata e o repolho.

Como fazer

1. Peça a um adulto que cozinhe a batata e o repolho na panela de pressão por cerca de 10 minutos em 400 mL de água. Espere esfriar um pouco, até que o líquido esteja morno. Usando a peneira, transfira apenas o líquido para o pote graduado. A batata e o repolho cozidos não serão usados, apenas o caldo.

2. Separe 300 mL do líquido obtido do cozimento da batata e do repolho. Adicione o açúcar, o sal e a gelatina. Misture bem até que tudo esteja dissolvido no líquido e deixe esfriar. Esse é o meio de cultivo!

Limpem a mesa de trabalho, usando álcool se necessário. É importante que tudo esteja bem limpo e suas mãos lavadas, para não contaminar o meio de cultura.

3. Coloque o meio de cultivo nas placas de Petri e tampe-as. Espere a gelatina endurecer.

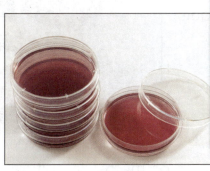

Quando a gelatina endurece, o meio de cultura ganha uma coloração lilás e um aspecto turvo.

Com o meio de cultura concluído, precisamos coletar microrganismos que estão em diversos objetos e até em nossa boca. Para isso, vamos usar os cotonetes e a fita adesiva.

4. Lave bem as mãos para não contaminar o cotonete. Esfregue o cotonete em um local que você acha bem limpo ou sujo. Veja os exemplos:

Cédula de dinheiro.

Teclado de computador.

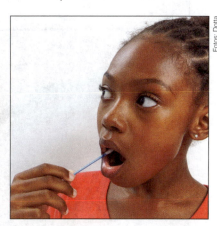

Mucosa da boca.

13

5. Destampe um dos meios de cultura e passe esse cotonete suavemente sobre a superfície.

> Não esfregue o cotonete com força, passe-o delicadamente formando algum desenho. Você não verá o desenho formado agora, mas, se nossa experiência funcionar, ele se tornará uma colônia de microrganismos!

6. Tampe o meio de cultura e vede-o com fita adesiva. Escreva na fita adesiva o objeto ou a parte do corpo que você esfregou o cotonete, para que fique identificado o meio de cultura.

7. Repita os itens 4, 5 e 6 até que todos os meios de cultura estejam contaminados com microrganismos.

8. Fotografe os meios de cultura logo após passar o cotonete. Durante uma semana, observe-os e fotografe-os diariamente para verificar a presença de microrganismos.

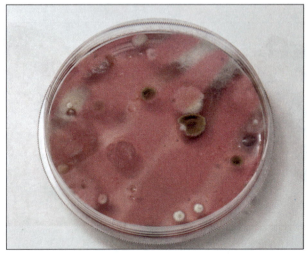

O desenho feito com o cotonete formou uma "cidade invisível"!

14

REFLITA E REGISTRE

1. Descreva no quadro abaixo o que você observou em cada meio de cultura ao longo do experimento. Você pode usar as fotografias que tirou para fazer a descrição.

Dia	Cultura		

2. O local pelo qual o cotonete passou deu origem a colônias de bactérias? Depois de quantos dias?

_____

_____

3. Entre os objetos ou as partes do corpo tocadas com o cotonete, em qual havia mais microrganismos? Como você identificou essa quantidade?

_____

_____

15

Na Cidade Bactéria

Os personagens Fran e Coco vivem na Cidade Bactéria. Eles participam de uma excursão escolar a um museu e lá descobrem que, há muito tempo, ocorreu a destruição de sua cidade: a "Grande Desinfecção".

Leia um trecho da história para saber mais desse terrível evento.

Um funcionário do museu, no entanto, pensa diferente. Ele tem certeza de que há sinais indicando que pode acontecer outra grande desinfecção. E diz ter provas!

Microrganismos na produção de alimentos

O fermento biológico usado no preparo de pães é composto de microrganismos.

Por que o fermento faz a massa crescer?

Ele é composto de seres vivos: fungos microscópicos – chamados leveduras – que se alimentam de açúcar, liberando gás carbônico e álcool. Quando a massa é aquecida no forno, as leveduras se multiplicam, ingerindo o açúcar e o amido contido na farinha de trigo. O processo se completa com a citada liberação de gás carbônico – que é o responsável pelo crescimento da massa – e de álcool, que confere sabor ao pão, bolo ou torta. O glúten, outro elemento presente na farinha, torna a massa elástica, possibilitando que o gás exalado nessa reação fique aprisionado em pequenas células no seu interior, tornando o bolo ou pão esponjoso, macio e fofo. O fermento foi descoberto pelos egípcios na Antiguidade. Chegou a ser cultivado pela população dentro de casa, mas hoje em dia é industrializado em um processo de secagem que o converte em pó, tornando as leveduras inertes. Ao adicionar água na hora de fazer a massa, elas voltam a ficar ativas.

Por que o fermento faz a massa crescer? *Mundo Estranho*, 4 jul. 2018. Disponível em: https://super.abril.com.br/mundo-estranho/por-que-o-fermento-faz-a-massa-crescer. Acesso em: 9 mar. 2019.

Na culinária também é utilizado outro tipo de fermento, chamado de químico. Os fermentos químicos, usados em bolos, por exemplo, são formados pela substância química bicarbonato de sódio. Quando essa substância é aquecida e atinge altas temperaturas, ela se transforma em gás carbônico, água e carbonato de sódio. É o gás carbônico que "escava buracos" pela massa, deixando-a macia.

Não são apenas os pães e bolos que usam microrganismos como ingredientes. A produção de queijos, iogurtes e outros laticínios também envolve a utilização deles.

Vamos fazer iogurte?

Material

- 1 litro de leite integral;
- 1 pote de iogurte natural;
- 1 leiteira ou panela;
- 1 caixa de isopor;
- 1 termômetro para alimentos.

 O apoio de um adulto nessa parte do experimento é fundamental para que vocês não se machuquem!

Como fazer

1. Coloque o leite na leiteira e peça a um adulto que o aqueça até quase a fervura (cerca de 85 °C).

Quando o leite está próximo de ferver, começam a aparecer pequenas bolhas na superfície.

2. Deixe o leite resfriar até 45 °C. Adicione o iogurte natural no leite e misture bem.

3. Coloque a leiteira dentro de uma caixa de isopor e feche-a. Oito horas depois, ponha a caixa na geladeira para resfriar.

4. No dia seguinte, abra a caixa e experimente o iogurte. Se desejar, adicione um pouco de açúcar ou de gelatina de algum sabor.

REFLITA E REGISTRE

1. Qual era a aparência do leite antes de ser colocado na caixa de isopor e depois que foi tirado de lá?

Orientações gerais

Agora é hora de colocar a mão na massa!

> Qual é o meio mais apropriado para a divulgação de conhecimentos científicos?

Você e os colegas exploraram novos conhecimentos sobre os microrganismos e até fizeram experimentos.

Para divulgar o que aprenderam, vocês vão elaborar uma revista científica!

PERCURSO 1

AS SEÇÕES DE UMA REVISTA CIENTÍFICA

 Meta
Decidir as seções que aparecerão na revista sobre microrganismos.

Aqui no Brasil temos revistas científicas voltadas exclusivamente para crianças. Vamos conhecer duas delas?

A revista *Ciência Hoje das Crianças* existe desde 1986. Ela é impressa e também está disponível na internet, no *site*: http://chc.org.br.

A revista *Minas faz Ciência Infantil* é elaborada em Belo Horizonte. Está disponível na internet, no *site*: http://infantil.minasfazciencia.com.br.

1. Em uma revista científica você pode encontrar artigos, entrevistas, seções para ensinar as pessoas a fazer experimentos e até passatempos. Entre no *site* das revistas indicadas acima e conheça as diferentes seções dessas publicações.

Em dupla

2. Reúna-se com um colega e, juntos, escolham cinco seções para uma revista científica elaborada pela turma. Para ajudá-los, sugerimos cinco tipos de seção.

Seção	Sugestões de conteúdos
Artigo	Texto informativo sobre lugares em que há muitas bactérias e não percebemos, como o celular e as notas de dinheiro.
A ciência no dia a dia	Aqui vocês podem escrever sobre alimentos que contêm microrganismos que ajudam no funcionamento do intestino, por exemplo, os probióticos.
Dicas de filmes, livros e músicas	A música *Lavar as mãos*, do compositor Arnaldo Antunes, aborda a lavagem das mãos. Existe alguma outra música que fale sobre microrganismos? E livros? Essa seção pode conter ilustrações e fotografias, que também são muito informativas.
Brincadeiras, jogos e passatempos	Os quadrinhos, os diagramas de palavras e outras diversões também podem fazer parte de uma revista científica.
Entrevista	Um dos grupos pode reunir as dúvidas da turma sobre microrganismos e levá-las para um especialista esclarecê-las. Uma dica: gravem a entrevista com um celular e transcrevam no papel as perguntas e as respostas.

Em grupo

3. Combinem a seção que cada grupo deve preparar para a revista. Converse com os colegas de seu grupo sobre os assuntos que podem ser abordados na seção sob responsabilidade de vocês. Anote as ideias no quadro a seguir.

Tipo de seção	Assunto	O que abordar

4. Pesquisem os assuntos escolhidos para saber qual deles é o mais adequado à seção. A internet é uma ótima opção de consulta, mas nem sempre é confiável. As publicações em livros, revistas e jornais são mais adequadas para os textos científicos. Utilizem as informações dessas publicações para decidir quais assuntos vocês escolherão para a seção.

PERCURSO 2

ELABORAÇÃO DAS SEÇÕES

Meta

Elaborar o conteúdo das seções da revista.

No fim do livro (páginas 87 a 92), você encontra as 12 páginas da revista em branco – elas já estão numeradas e essa ordem precisa ser seguida para que a montagem dê certo. Na primeira página há o sumário, em que deve constar tudo o que vocês publicaram e o número da respectiva página; na última, devem ser escritos os nomes das pessoas que participaram da elaboração da revista, chamada expediente.

1. Nas dez páginas que restam, vocês vão publicar o conteúdo das seções. Reúnam-se para decidir juntos o que entrará em cada página e que grupo ficará responsável por ela. Anotem a seguir a seção e o grupo responsável pela página.

Página	Seção	Grupo
2		
3		
4		
5		
6		

Página	Seção	Grupo
7		
8		
9		
10		
11		

Em grupo

2. Os textos podem ser acompanhados de imagens, fotografias ou ilustrações que contribuam para transmitir a mensagem que vocês querem passar ao leitor. Decidir que imagem será publicada na seção e o tamanho dela é fundamental para definir o espaço que sobra para o texto. Lembre-se: as páginas da revista medem 17 cm de altura e 11 cm de largura.

3. Façam um texto e/ou um desenho sobre os assuntos da seção.

> O grupo pode usar um processador de texto no laboratório de informática para produzir a(s) página(s) da seção. Os desenhos podem ser fotografados e digitalizados para o computador. Não se esqueça de indicar o número da página!

4. Depois da seção pronta, façam cópias para cada aluno.

PERCURSO 3

MONTAGEM DA REVISTA

Meta
Vamos montar a revista!

1. Recorte a estrutura da revista que está no fim do livro (páginas 87 a 92).

2. Cole, sobre a estrutura da revista, a cópia de cada página feita pelos grupos.

Observe cuidadosamente o número da página antes de fazer a colagem. Isso é fundamental para que a montagem fique correta.

Em grupo

3. Com a ajuda do professor, elaborem o sumário e o expediente, com os dados de todos os alunos, indicando as seções em que cada grupo elaborou.

4. Para fazer a capa, recortem cartolinas com 17 cm de altura e 22 cm de largura. Então, dobrem-nas ao meio para ficar com o mesmo tamanho da página da revista. Repitam o processo até que cada aluno tenha sua capa.

5. Qual é o nome da revista? Discuta com os colegas e registre o nome escolhido: _____

Individualmente

6. Elabore um desenho ou encontre uma imagem para fazer parte da capa de sua revista. Em seguida, escreva o nome dela.

7. Agora, reúna a capa e todas as páginas da revista. Folheie-as para saber se elas estão na ordem correta.

8. Use um perfurador de papel para criar "buraquinhos" próximos à parte dobrada. Cuidado para não furar a lombada!

9. Passe um barbante ou uma fita pelos buraquinhos e amarre de modo que fique firme, mas sem amassar.

Parabéns! Sua revista está concluída.

23

ETAPA 3 RESPEITÁVEL PÚBLICO

Cada um de vocês tem em mãos um exemplar da revista. Agora é o momento de pensar em meios de divulgar o conteúdo para mais pessoas.

Debata com a turma as questões a seguir.

1. Os assuntos da revista devem necessariamente ser apresentados nesse formato? De que outras formas eles podem ser organizados?

2. A revista precisa ser impressa? De que outras formas uma publicação pode circular atualmente?

3. Há colegas de outras turmas que gostam de publicações em papel? É possível confeccionar mais exemplares da revista de forma fácil? Como?

Os livros eletrônicos (ou *e-books*) são publicados de forma que possamos lê-los nos computadores, *tablets* e celulares.

Os livros em papel são muito populares em todo o mundo. Nas feiras de livros, as pessoas podem comprar e até trocar exemplares.

Pensem em formas de distribuir a revista feita por vocês. Considerem também transformar alguns textos dela em outros tipos de publicação. O passatempo pode se tornar um jogo? O passo a passo do experimento pode ser gravado em vídeo?

Anotem as decisões no espaço a seguir e mãos à obra!

BALANÇO FINAL

Converse com os colegas a respeito do que vocês aprenderam sobre os microrganismos. As questões a seguir podem ajudar nesse debate.

- Quais são os benefícios e os malefícios dos microrganismos em nossa alimentação?
- Todos os microrganismos fazem mal para os seres humanos?
- Um ambiente limpo é necessariamente um ambiente sem microrganismos? O que significa a limpeza dos ambientes?

AUTOAVALIAÇÃO

No quadro a seguir, você pode rever o que aprendeu ao longo deste projeto. Preencha-o e, depois, compartilhe com os colegas e o professor suas impressões: O que foi fácil e o que representou um grande desafio para você?

Eu aprendi a...	🙂	😐	😖
...identificar o papel dos microrganismos na produção de alimentos.			
...reconhecer microrganismos como ingredientes de alguns alimentos.			
...apontar ações positivas dos microrganismos.			
...explicar como o ser humano influencia na formação de colônias de microrganismos.			
...comunicar o que aprendi na forma de uma revista.			
...produzir uma revista.			

Sim 🙂   Um pouco 😐   Não 😖

25

PROJETO

A vida dos objetos

Quando seus pais pedem que você economize água, alguma vez você pensou que esse é um pedido desnecessário porque em nosso planeta há água em abundância? Muitas pessoas pensam assim.

Nosso planeta é enorme! Isso faz com que diversas pessoas acreditem que temos recursos naturais ilimitados. No entanto, os objetos industrializados que utilizamos consomem muito mais recursos do que o nosso planeta dispõe.

DE OLHO NO TEMA

Todos os objetos são feitos de materiais que têm origem na natureza. As árvores, inclusive, são utilizadas para fabricar vários objetos – as carteiras escolares geralmente são feitas de madeira. Quanto mais objetos são produzidos, mais madeira é extraída da natureza. Quando uma velha mesa de madeira, sem conserto, é transformada em caixas de legumes, por exemplo, nós deixamos de extrair madeira da natureza, já que esse material é reutilizado.

Em geral, móveis de madeira têm longa durabilidade. Na imagem, uma antiga porta foi reutilizada e se transformou em mesa.

26

DIRETO AO PONTO

O que acontece quando compramos um novo objeto?

QUAL É O PLANO?

Elaborar uma enciclopédia de objetos consertados ou construídos pelos alunos.

Etapa 1 – Explorando o assunto

- Comprar e consumir objetos
- O direito de consertar os objetos

Etapa 2 – Fazendo acontecer

Percurso 1: Os verbetes da enciclopédia
Percurso 2: Elaboração das instruções do verbete
Percurso 3: Montagem da enciclopédia

Etapa 3 – Respeitável público

Vamos organizar uma campanha ambiental e, nela, divulgar as ações de reaproveitamento de material contidas na enciclopédia.

Comprar e consumir objetos

Esse é um jovem humano. [...] Como todos os seres vivos, [ele consome] para viver. Alguns humanos consomem menos e outros, mais. Muito mais. A questão é que nem todo mundo sabe de onde vem e como é fabricado o que é consumido.

Consciente coletivo – Origem do que consumimos. São Paulo: Instituto Akatu, 2010. Vídeo (2 min, transcrição). Disponível em: https://youtu.be/lBuJHl-PTYc. Acesso em: 2 abr. 2019.

Vamos descobrir?

Matérias-primas

Os objetos são feitos de materiais que têm origem em elementos naturais.

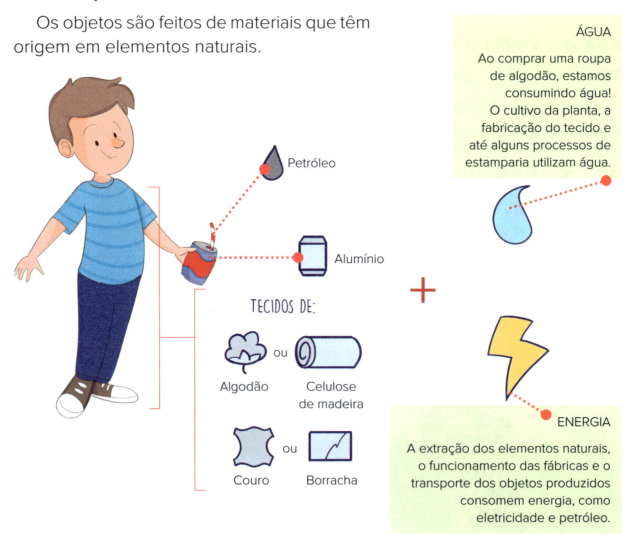

A cada nova latinha de suco, a cada novo canudinho, mais petróleo e alumínio são extraídos para sua produção. Você conhece alguma forma de produzirmos mais latinhas sem extrair mais alumínio? Para onde vai o canudinho de plástico após o uso?

28

VAMOS APROFUNDAR

Este é o ciclo de vida de uma latinha de molho de tomate, desde a extração da bauxita para fabricar alumínio até seu descarte após o uso.

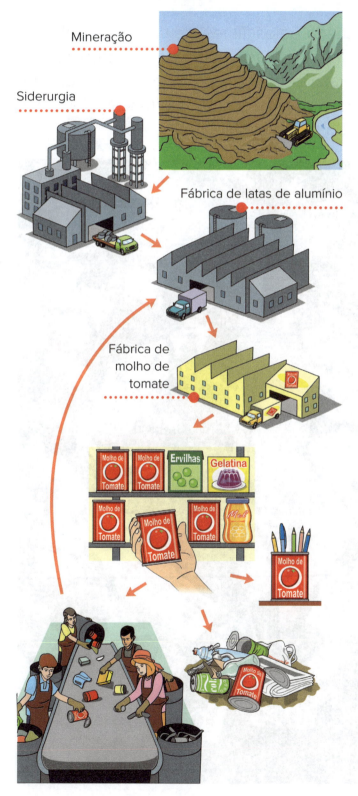

1. Observe os três destinos da latinha de molho de tomate após o uso.

    a) Em qual dos destinos a latinha foi abandonada, para depois de muito tempo se desfazer na natureza?

    _____
    _____
    _____

    b) Em qual destino a latinha foi usada para a fabricação de um novo objeto?

    _____
    _____

    c) A latinha ganhou uma nova função em algum destino?

    _____
    _____
    _____

2. Você já pensou qual seria a destinação mais adequada para a latinha? Converse com os colegas da turma e respondam:

    a) Essa latinha é realmente necessária?

    b) Seria possível obter molho de tomate sem adquirir um produto que utiliza alumínio?

29

O ciclo de vida dos objetos

Os objetos também têm um ciclo de vida: nós retiramos da natureza os elementos de que necessitamos para fabricá-los, usamos os objetos e os descartamos. Observando um objeto da sala de aula, você conseguiria dizer qual foi o ciclo de vida dele? Vamos investigar?

Esqueça a imagem dos detetives criada pelos filmes: de chapéu e golas levantadas, perseguindo criminosos pelas ruas. O trabalho de investigação vai muito além disso e demanda estratégias inteligentes para resolver os problemas. Uma delas é observar o lixo! Você imagina quanta informação podemos encontrar sobre uma família observando o que ela joga fora?

O fotógrafo Gregg Segal quis conhecer a fundo diversas famílias e, para isso, propôs que elas fossem fotografadas junto aos resíduos que produziram durante sete dias. O que você consegue descobrir sobre esta família observando o lixo descartado por ela?

 **VAMOS AGIR**

De olho no que vai para a lixeira

1. Vamos brincar de detetive? Você vai investigar o lixo de sua casa, ou seja, tudo o que você e seus familiares decidiram que não serve mais e deve ser descartado. Observe tudo o que for descartado por vocês durante uma semana e faça um pequeno traço, no quadro a seguir, indicando se o material foi parar no lixo comum ou seguiu para a reciclagem.

Tipos de resíduo	Lixo comum	Reciclagem
Papéis e papelões		
Vidros		
Plásticos		
Metais		
Resíduos orgânicos (restos de comida)		
Não recicláveis (outros)		

2. Apresente seu quadro aos colegas e explique como ocorre o descarte de resíduos onde você vive: Há coleta domiciliar? O lixo comum é coletado com o material reciclável? Há pontos de coleta de pilhas e materiais eletrônicos? A vizinhança faz compostagem de cascas de alimentos?

REFLITA E REGISTRE

1. Foi possível observar diferenças entre as famílias de vocês apenas pelas informações sobre o lixo? Se sim, que diferenças foram identificadas?

31

O direito de consertar os objetos

Você já ouviu a expressão "obsolescência programada"? É um nome complicado, mas a ideia provavelmente é bem conhecida: você compra um produto e, em pouco tempo, descobre que ele já não funciona mais corretamente e não há nada que possa ser feito.

Os equipamentos eletrônicos, por exemplo, ficam desatualizados e já não podem ser usados: Onde encontrar fitas VHS para usar o videocassete?

Há também situações em que o produto estraga e descobrimos que o conserto custa quase o mesmo valor de um produto novo!

Você já teve um brinquedo que, depois de quebrado, foi descartado? Por que ele foi descartado? Era possível consertá-lo?

Estudar o ciclo de vida dos objetos está relacionado às observações do que as pessoas descartam. Você já viu a fotografia de um aterro e se perguntou como é possível tanto desperdício? Foi isso que aconteceu com a ambientalista Annie Leonard.

Certa vez, ainda estudante, fui até o aterro municipal. Foi uma experiência impressionante ver para onde todas as "coisas" iam: eletrodomésticos, roupas, livros, alimentos, calçados, embalagens. Isso me fez pensar que deve haver alguma forma de melhor atender as nossas necessidades sem desperdiçarmos tantos materiais. Então decidi passar os últimos 20 anos estudando isso: para onde as nossas "coisas" vão, o que há nelas e o que podemos fazer de melhor.

Efraim Neto. Annie Leonard me conta a história das coisas. Envolverde, 3 out. 2018. Disponível em: http://envolverde.cartacapital.com.br/annie-leonard-me-conta-a-historia-das-coisas. Acesso em: 2 abr. 2019.

VAMOS APROFUNDAR

1. Você conhece os Rs da educação ambiental? Vamos investigar o que eles sugerem como ação para diminuir o uso de recursos da natureza? Pesquise o significado de cada um dos Rs indicados a seguir e complete o quadro.

Repensar	Repor	Reparar
Reduzir	Reutilizar	Reciclar

2. Compartilhe com os colegas suas respostas e, juntos, discutam ações que podem ser realizadas para cada R.

33

Vida curta

Há objetos industrializados que parecem fabricados para serem frágeis, não é? Nos estojos, por exemplo, costuma haver uma peça responsável pelo fechamento deles, algo que permite abrir e fechar, que gira para travá-los ou, ainda, um zíper de uma ponta a outra. Essa peça é, muitas vezes, a primeira coisa que se quebra. Sem ela, o estojo já não fecha mais e os objetos se esparramam na mochila.

A lingueta deste estojo está quase rompida. Nesse local, o plástico (mais fino para permitir o movimento) é sempre torcido para abrir e para fechar o estojo; então, em pouco tempo, ele se desgasta e a lingueta se solta.

É possível adaptar!

1. Observe os objetos que você utiliza no dia a dia e identifique as partes deles que são mais frágeis. Há algum objeto que sempre estraga da mesma maneira?

2. Quando esse tipo de objeto se estraga, há algum lugar onde se possa levá-lo para consertar? Qual é o destino principal do objeto depois que ele estraga e não tem mais conserto?

Em vez de jogar o estojo fora depois que a lingueta de fechamento estragou, o dono deste estojo usou um elástico para deixá-lo sempre fechado dentro da mochila.

3. É possível consertar de maneira simples esses objetos que você observou? Há alguma forma de continuar usando o objeto mesmo sem consertá-lo? Compartilhe com os colegas suas estratégias.

Em grupo

4. Organizem-se de acordo com os objetos que vocês observaram. Cada grupo estudará o funcionamento de um objeto e descobrirá por que determinada parte é mais frágil e está frequentemente estragada. Também pesquisará formas de consertá-lo ou de "driblar" o que está estragado para continuar a utilizá-lo. Peçam ajuda a um adulto e também procurem vídeos explicativos na internet.

Registre a seguir a solução mais interessante que vocês elaboraram juntos.

REFLITA E REGISTRE

1. Imagine milhares de crianças pelo mundo com seus estojos quebrados. O que isso significa para o planeta? O que podemos fazer para mudar essa situação?

Faça Você Mesmo

Você já observou um adulto trocar uma lâmpada? Já ajudou a pintar a parede de casa ou a montar um guarda-roupa? Quando a torneira fechada está pingando, alguém troca a borracha interna que impede a água de passar? Essas ações são frequentes no dia a dia de muitas famílias: a ideia é consertar aquilo que estraga e fazer a manutenção da moradia.

Os objetos industrializados estão ficando mais baratos. Por isso, as pessoas passaram a trocar os objetos estragados por novos, deixando de consertá-los. Então, há alguns anos, começou um movimento muito bacana, o Faça Você Mesmo – em inglês, esse movimento é chamado *Do It Yourself* ou pela sigla DIY.

O movimento Faça Você Mesmo está ligado a ações ambientais, como a reutilização de objetos. Nesta horta caseira, as garrafas PET foram usadas como vasos de plantas, evitando a compra de vasos para essa função.

O acesso à informação, principalmente pela internet, ampliou as possibilidades de consertar os objetos. Com o tempo, as pessoas começaram a construir novos objetos reutilizando outros equipamentos, assim se formou o Movimento Maker, que significa "fazedor", em português. Os fazedores são pessoas que se dedicam a construir, consertar e modificar objetos por meio de projetos simples, produzidos com as próprias mãos.

Crianças também são fazedoras: com o uso de placas eletrônicas simples, é possível criar projetos a baixo custo. Os laboratórios de fabricação digital são espaços de troca de conhecimento: os fazedores aprendem uns com os outros.

VAMOS AGIR

Vamos aprender a fazer um livro com envelopes? Sigam as instruções pela sequência de fotografias a seguir.

Material:

Como fazer

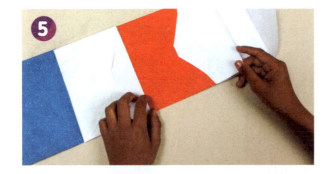

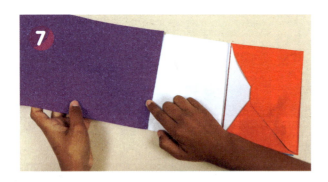

1. Como ficou o livro? Foi possível chegar a um resultado seguindo as imagens?

2. Complete as linhas ao longo do passo a passo com instruções que expliquem as imagens.

REFLITA E REGISTRE

1. Converse com seus colegas a respeito das dificuldades que tiveram em seguir o modo de fazer acompanhando apenas as imagens.

ETAPA 2 — FAZENDO ACONTECER

Orientações gerais

A proposta deste projeto é elaborar uma enciclopédia com instruções para as pessoas consertarem e até construírem objetos utilizados no dia a dia.

> Mas, o que é uma enciclopédia?

O Bartô, um ratinho bem informado que vive num centro cultural, responde:

enciclopédia

Ah, esse é um dos meus livros favoritos. Tem de tudo! De tudo um pouco! Tipo a Enciclopédia do Itaú Cultural. Você já visitou o *site*? Lá dá para descobrir tuuuuudo sobre arte. Como você é artista, que eu sei, é o lugar mais cheio de inspiração para você!

Zine Camundongo #14. São Paulo: Itaú Cultural, 2018. p. 5. Disponível em: http://bartoitaucultural.org/wp-content/uploads/2018/10/zine14_Cantinho-final-1.pdf. Acesso em: 2 abr. 2019.

A enciclopédia é uma coletânea de textos que traz um conjunto de saberes acumulados pelos seres humanos. Durante um longo tempo, as enciclopédias ocuparam um lugar muito importante: as pessoas, principalmente estudantes, iam à biblioteca fazer pesquisas em enciclopédias. Atualmente, muitas pessoas trocaram a visita à biblioteca pela pesquisa na internet.

Como as enciclopédias eram muito caras, poucas famílias conseguiam comprar uma.

A enciclopédia é organizada em ordem alfabética e cada termo é chamado de **verbete**. Na enciclopédia a ser elaborada, vocês podem, por exemplo, fazer o verbete **estojo** e, nele, oferecer sugestões de como consertá-lo se o fecho quebra.

PERCURSO 1
OS VERBETES DA ENCICLOPÉDIA

Selecionar objetos que podem ser consertados ou confeccionados pelas pessoas aproveitando materiais que seriam descartados.

Em grupo

1. Para começar nossa enciclopédia, precisamos pensar nos verbetes que ela terá. Que tal iniciarmos com uma pequena lista de objetos do cotidiano que estragam facilmente e podem ser consertados? Esse é um bom começo! Vocês podem ampliá-la acrescentando coisas fáceis de fazer, como pregar botão, fechar pequenos buracos de uma roupa com costura manual, consertar o zíper quando ele escapa em um dos lados etc. Comecem, portanto, a lista de verbetes da enciclopédia com consertos simples.

_____   _____

_____   _____

_____   _____

2. Agora, vocês pensarão nas propostas de construção de objetos. Mas há um desafio importante: os verbetes da enciclopédia devem indicar somente o uso de materiais que seriam descartados. Vejam o exemplo.

Verbete

Papel

Fonte: Ellen e Julia Lupton. *Eu que fiz*. São Paulo: Cosac Naify, 2008. p. 47.

41

3. Listem materiais que geralmente são descartados na escola e em casa. Em seguida, pesquisem objetos que podem ser feitos com esses materiais. O quadro abaixo pode ajudá-los a organizar a pesquisa.

Verbete	Objeto a ser feito	Onde encontrar/instruções

4. Apresentem aos colegas os objetos pesquisados. Definam quais deles farão parte da enciclopédia.

> Lembrem-se: a lista final de verbetes da enciclopédia precisa incluir tanto os consertos quanto a construção de objetos com materiais que seriam descartados.

PERCURSO 2

ELABORAÇÃO DAS INSTRUÇÕES DO VERBETE

Meta
Testar as instruções para fazer os objetos e registrar sua execução.

Em grupo

1. Distribuam os verbetes entre os grupos. Cada grupo deverá escrever pelo menos um verbete para a enciclopédia.

2. Com toda a turma, decidam como será a enciclopédia: Um livro de envelopes como o que vocês fizeram? Qual será o tamanho do envelope utilizado? Essas decisões são importantes porque os grupos precisam saber, antes de iniciar a escrita, o tamanho da página onde entrarão as instruções.

42

3. Reúnam os materiais necessários para testar o modo de fazer e consertem ou construam o objeto. Anotem as dificuldades enfrentadas ao seguir as instruções. Se possível, registrem com desenhos, fotografias ou vídeo cada uma das etapas.

Para reaproveitar materiais e criar objetos novos é preciso bastante imaginação. Mãos à obra!

4. Escrevam as instruções e montem a página da enciclopédia usando as imagens que vocês fizeram do passo a passo. Lembrem-se de incluir o verbete, no alto da página, com bastante destaque.

PERCURSO 3

MONTAGEM DA ENCICLOPÉDIA

Meta
Reunir os verbetes da enciclopédia.

1. Reúnam as páginas confeccionadas da enciclopédia e coloquem-nas em ordem alfabética.

2. Vocês decidiram usar o livro de envelopes? Então, é preciso escrever por fora de cada envelope quais verbetes estão dentro dele – ou apenas escrever as letras, como nas antigas enciclopédias. Nesse caso, vocês precisarão criar um sumário com a lista de todos os verbetes elaborados.

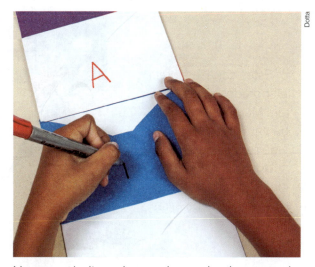

 A enciclopédia da turma pode ser do tamanho que vocês desejarem.

No caso do livro de envelopes, lembrem-se de contar os verbetes antes de fazer a capa.

3. Qual será o nome da enciclopédia da turma? Decidam em conjunto e elaborem uma capa.

ETAPA 3 — RESPEITÁVEL PÚBLICO

A enciclopédia elaborada por vocês traz ideias incríveis de objetos que podem ser construídos ou consertados com instruções simples, não é? Será que, se essas ideias chegassem às mãos de outras pessoas, elas reconheceriam que as sugestões estão relacionadas aos Rs da educação ambiental?

Nossa proposta é que vocês criem uma campanha de lançamento da enciclopédia para explicar às pessoas o que vocês aprenderam sobre a importância de reaproveitar os materiais e reduzir o consumo de novos objetos.

Estes cartazes foram elaborados pela Prefeitura Municipal de Curitiba para uma campanha de redução de lixo na cidade. Observe que eles têm um título grande e poucas palavras.

Na campanha, vocês devem divulgar o conteúdo da enciclopédia e podem colocá-la na internet para facilitar a consulta por todas as pessoas.

Ao longo do projeto, você explorou diversas ações ambientais que podem contribuir para minimizar o impacto do ser humano sobre os recursos do planeta.

Converse com os colegas a respeito da ideia de "consumo consciente", ou seja, de repensar tudo que consumimos e descartamos ao fim de seu uso. Retomem o que descobriram ao longo do projeto, como a extração de recursos para fabricar objetos e o uso de materiais que seriam descartados, mas que podem ser aproveitados para fazer novos objetos ou, ainda, para um novo uso.

No quadro a seguir, você pode rever o que aprendeu ao longo da realização deste projeto. Preencha-o e, depois, compartilhe com os colegas e o professor suas impressões: O que foi fácil e o que representou um grande desafio para você?

Eu aprendi a...	😊	😐	😣
...reconhecer o papel do consumo de objetos na extração de recursos naturais do planeta.			
...identificar formas de reaproveitar materiais que seriam descartados.			
...apontar o consumo consciente como uma necessidade do mundo atual.			
...elaborar um texto com instruções.			
...confeccionar uma enciclopédia.			

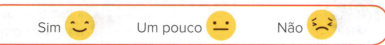

PROJETO

Direções cardeais: como se orientar?

Você conhece a história de João e Maria? No primeiro dia em que foram deixadas sozinhas, as crianças jogaram pedrinhas pelo caminho de casa até a floresta e conseguiram retornar. No dia seguinte, quando usaram migalhas de pão, os dois ficaram perdidos, pois os pássaros as comeram. Como não tinham ideia de onde estavam em relação à casa deles, não podiam voltar.

A orientação é uma habilidade espacial básica de qualquer ser humano. João e Maria poderiam ter utilizado outras estratégias para se orientar na floresta: pontos de referência – como uma colina, um rio ou uma ponte –, o movimento aparente do Sol no céu e as direções cardeais.

DE OLHO NO TEMA

Todos os dias, na maior parte do planeta, o Sol desponta no horizonte e depois de algum tempo parece mover-se pelo céu. Nós chamamos isso de "movimento aparente", porque o Sol está parado (a Terra é que se movimenta).

Podemos usar esse vaivém do Sol para nos orientarmos. Mas é preciso conhecer melhor o movimento aparente do Sol e o movimento de rotação da Terra. Com essas informações podemos identificar a direção em que o Sol desponta no horizonte e encontrar as demais direções.

Nesse mapa do tesouro há o trajeto para se chegar ao local onde algo valioso foi escondido. Para encontrar o lugar, é preciso interpretar as indicações do mapa e ser corajoso!

46

DIRETO AO PONTO

Como me deslocar pelo espaço usando as direções cardeais?

QUAL É O PLANO?

Criar um jogo de **caça ao tesouro**, utilizando as direções cardeais para guiar os jogadores e levá-los até o tesouro.

Etapa 1 – Explorando o assunto

- A iluminação nos ambientes
- Orientação com as direções cardeais

Etapa 2 – Fazendo acontecer

Percurso 1: Organização dos grupos
Percurso 2: Localização do tesouro
Percurso 3: Confecção do mapa do tesouro
Percurso 4: O tesouro
Percurso 5: Elaboração das regras e teste

Etapa 3 – Respeitável público

Organização e preparação para os colegas da escola jogarem.

ETAPA 1 — EXPLORANDO O ASSUNTO

A iluminação nos ambientes

No lugar em que você dorme há janela? A luz do Sol entra por ela em qual período do dia? Você percebe alguma diferença entre a parte do cômodo que recebe iluminação e a outra parte, que não recebe? A luz do Sol sempre incide no mesmo lugar dentro do quarto? Nesta etapa do projeto, vamos investigar a iluminação proporcionada pelo Sol, por isso é importante você ficar atento à iluminação e também às sombras que ela cria.

Vamos começar a explorar esse assunto investigando luz e sombra na escola.

A iluminação do prédio da escola

1. Você e os colegas vão observar onde a iluminação penetra no prédio da escola e onde quase não há iluminação natural (ou seja, da luz do Sol).

2. Você já percebeu que o Sol nasce e se põe em direções opostas? Do nascer ao pôr do Sol, temos a impressão de que o Sol se move no céu. Portanto, para usar as observações de iluminação do prédio escolar, é preciso descobrir onde o Sol está posicionado. Registre essa informação de duas formas diferentes: pintando o horário no relógio digital e desenhando a posição do Sol no céu, tendo como referência a escola.

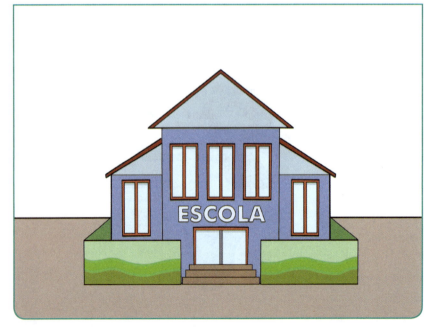

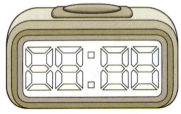

48

3. Juntos, examinem a parte externa do prédio da escola e observem quais cômodos recebem luz solar. Alguma parede externa está mofada ou úmida? É possível perceber se ela já recebeu luz solar ou ainda vai recebê-la? Há alguma indicação visível diferenciando as partes externas da escola que recebem ou não luz solar?

Musgos são plantas que se desenvolvem em áreas úmidas e sombreadas. Na história de João e Maria, por exemplo, eles poderiam ter observado se havia musgos nas árvores da floresta, porque isso indica que a luz do Sol não bate diretamente no local.

4. Identifiquem uma janela do prédio da escola que esteja recebendo luz solar com mais intensidade. Depois, observem dentro do cômodo: Por onde a luz solar entra? Há sombras? Onde elas estão em relação à janela? Pinte no espaço ao lado o modo que a luz solar entra pela janela e as áreas do cômodo que ficam na sombra.

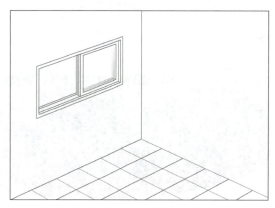

5. Agora procurem outro cômodo que esteja recebendo pouca luz solar, já quase sem a iluminação do Sol. Observem os mesmos detalhes: Que parte do cômodo ainda está iluminada? Onde há sombra? Pinte no espaço ao lado, essas informações.

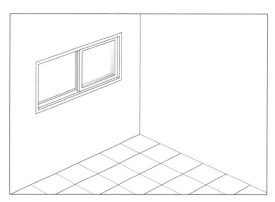

REFLITA E REGISTRE

1. O que é melhor para uma sala de aula: estar voltada para a direção onde o Sol nasce ou para onde o Sol se põe?

2. A sua sala de aula está em uma boa posição em relação à luminosidade? Comente com seus colegas.

49

Onde abrir uma janela?

Imagine que você vai construir uma moradia e precisa decidir em que momento do dia os cômodos devem ficar bem iluminados pelo Sol.

As imagens a seguir mostram a posição de uma casa em relação ao Sol em três momentos do dia. Observe.

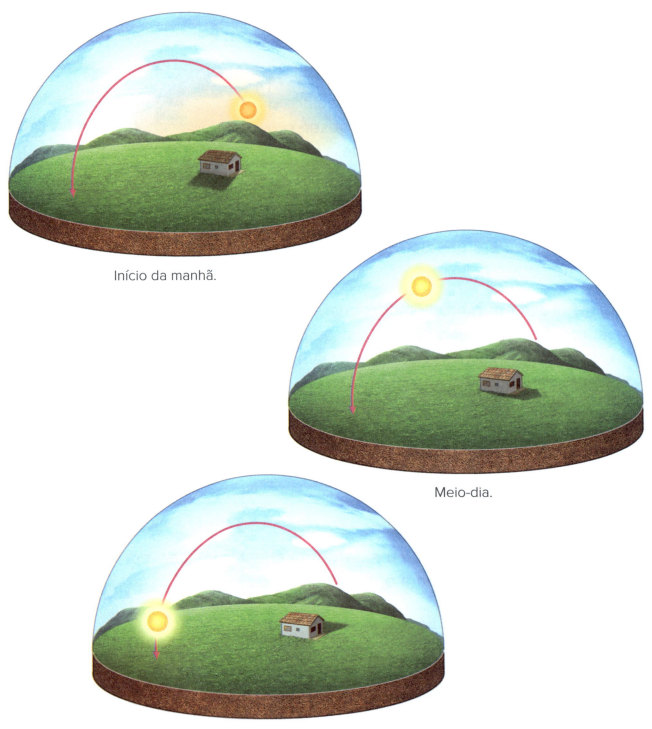

Início da manhã.

Meio-dia.

Fim da tarde.

50

Converse com os colegas sobre a necessidade de haver iluminação em todos os cômodos e o momento do dia em que o Sol intenso pode ser mais útil em cada cômodo. As perguntas a seguir o ajudarão nessa conversa.

- O quarto precisa de iluminação pela manhã ou à tarde? No verão, é bom dormir em um quarto que recebeu luz solar a tarde toda?
- O banheiro é um local da casa que precisa de boa iluminação? A luz solar pode ajudar em atividades relacionadas ao banheiro? É um problema se o banheiro receber muita luz solar durante toda a tarde?
- A sala de estar fica sempre cheia de gente durante o dia? Ela precisa de iluminação? É possível economizar com iluminação natural?

VAMOS APROFUNDAR

1. As ilustrações a seguir simulam a iluminação de uma moradia em três momentos do dia. Em cada momento há uma janela e a iluminação que ela proporciona. Decida qual posição você escolheria para a janela do quarto, do banheiro e da sala de estar.

1 — Início da manhã.

2 — Meio-dia.

3 — Fim da tarde.

VAMOS AGIR

A sombra dos objetos

Para esta atividade, vocês vão precisar de uma lanterna.

1. Escolham alguns objetos encontrados na sala de aula e coloquem sobre uma mesa. Depois, apaguem as luzes da sala para o ambiente ficar escuro.

2. Um aluno deve posicionar a lanterna em linha reta, acima de um dos objetos, para simular o Sol do meio-dia. Observem atentamente a sombra do objeto.

3. Agora a lanterna deve ser deslocada de maneira inclinada, uma vez de cada lado, para simular o movimento do Sol quando ele está perto do horizonte, como no amanhecer e no entardecer. Observem atentamente a sombra do objeto em cada situação.

REFLITA E REGISTRE

1. Compare a sombra dos objetos.

   a) É possível saber a posição da lanterna apenas observando a sombra?

   _____

   _____

   b) Em que posição da lanterna a sombra é maior? Por quê?

   _____

   _____

Encontrando as direções cardeais

Agora vamos observar as sombras para encontrar as direções cardeais. Organize-se com os colegas para fazerem o experimento a seguir.

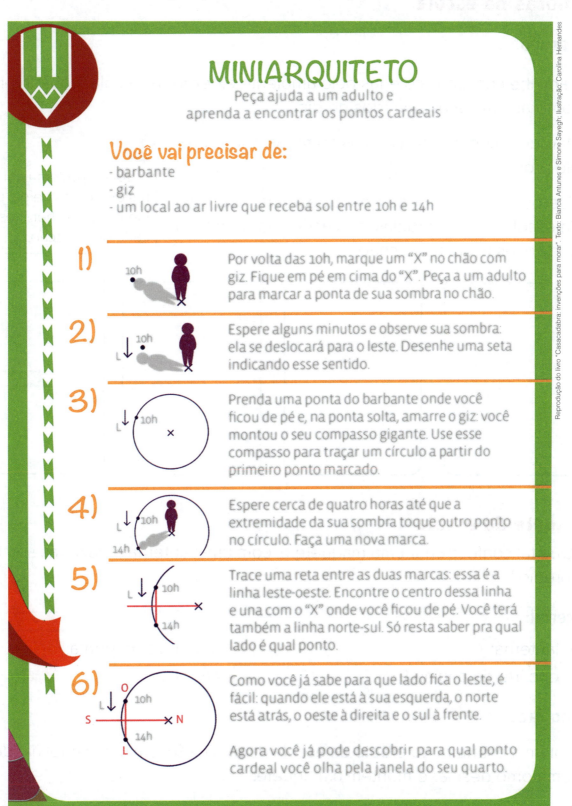

VAMOS AGIR

Sombras na escola

Em grupo

1. Caminhe com seus colegas pelo ambiente externo da escola e observem as sombras em vários períodos do dia.

2. Marquem com giz no chão as sombras que o prédio projeta.

3. Use os espaços a seguir para desenhar o prédio da escola e a posição das marcações das sombras que vocês fizeram no chão.

Vocês podem usar cores diferentes de giz para identificar os horários de cada observação.

Maquete da escola

Que tal confeccionar uma maquete e, com uma lanterna, refazer as sombras do prédio?

Material:

- lanterna;
- encarte da página 93;
- tesoura sem ponta;
- cartolina.

Como fazer

1. Colem a estrutura do prédio da escola da página 93 em uma cartolina, decorem como desejar e montem a maquete.

2. Façam aberturas na estrutura como se fossem as janelas do prédio da escola.

3. Levem a maquete para o local onde vocês marcaram as direções cardeais na atividade anterior e indique-as na estrutura da maquete também. Confeccionem uma rosa dos ventos e colem no teto da maquete do prédio.

 Certifique-se de que a rosa dos ventos fique apontada para as direções cardeais corretas, de acordo com as marcações feitas.

4. Levem a maquete de volta para a sala de aula, apaguem as luzes e simulem com a lanterna o movimento aparente do Sol (leste-oeste) de acordo com a posição da maquete. Movimentem a lanterna para simular as sombras marcadas de giz na atividade anterior.

5. Registrem (com vídeo ou fotografia) a simulação da iluminação na maquete em diversos períodos do dia.

REFLITA E REGISTRE

1. O prédio da escola está em uma boa posição em relação à iluminação? Por quê?

_____
_____
_____

2. Se fosse possível girar o prédio da escola, você mudaria a posição dele? Para qual direção?

_____
_____
_____

Orientação com as direções cardeais

Pode parecer estranha a ideia de as pessoas se orientarem pelas direções cardeais quando poderiam usar pontos de referência, como padarias e rios. Se há pontos de referência, por que dizer que algo está a leste ou a oeste? De fato, essa não é uma maneira prática de localizar elementos do espaço.

Há poucas situações em que é útil localizar algo em um prédio seguindo as direções cardeais, como vocês fizeram neste projeto. Uma delas é bem séria: os bombeiros frequentemente utilizam as direções cardeais (e as colaterais) para se orientar em um edifício em chamas. A fumaça reduz muito a visibilidade, por isso um bombeiro que está fora do prédio, com o mapa do lugar em mãos, informa as coordenadas para quem está lá dentro usando direções cardeais. Nós também podemos usar as direções cardeais para guiar pessoas, não para fazer um trabalho tão sério e importante quanto o dos bombeiros, mas para nos divertirmos.

Veja a ilustração a seguir da Praça Carlos Marques, na cidade de Belo Horizonte. Vamos nos deslocar por ela usando direções cardeais?

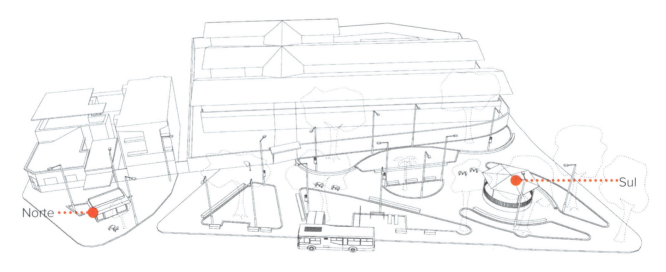

Esse prédio enorme em frente à praça é uma escola. A praça tem um coreto, algumas árvores e espaços para conversas e brincadeiras. Você consegue imaginar por que as árvores foram desenhadas com um tracejado?

VAMOS APROFUNDAR

Em grupo

1. Escolham quatro pontos de referência na ilustração da Praça Carlos Marques. Eles devem formar um trajeto. Pinte-os para destacá-los no desenho.

2. Desenhem ao lado da praça uma pequena rosa dos ventos. Ela será útil na elaboração das orientações do trajeto.

3. Definam o ponto de partida do trajeto e escolham qual será o itinerário, considerando que os pontos de referência serão locais de parada. Descrevam o trajeto usando direções cardeais, por exemplo: "saindo do coreto, caminhe para o leste" ou "do portão de entrada da escola, siga no sentido oeste". Para saber que direção indicar, você deve colocar o centro da rosa dos ventos sobre o ponto de referência (o coreto, o portão da escola etc.) e apontar o norte para a mesma direção que ele está na rosa dos ventos do desenho. Registre o trajeto no espaço a seguir.

   Saindo _____

   _____

   _____

   _____

   _____

   _____

   _____

4. Vamos fazer uma brincadeira? Ela é assim: um grupo vai até a frente da sala e fala o ponto de partida de seu trajeto. Em seguida, descreve o trajeto dando as direções cardeais, sem dizer os pontos de referência, que serão adivinhados pelos demais grupos. É preciso acompanhar as indicações das direções cardeais e outras dicas para registrar o trajeto no material. O grupo que conseguir registrar todos os trajetos corretamente vence a brincadeira!

57

Orientações gerais

Chegou a hora de utilizar os saberes explorados até aqui para criar um jogo educativo e bem divertido de **caça ao tesouro**. A elaboração do jogo inclui esconder um objeto em um local da escola, ocultar as pistas que os jogadores devem seguir para chegar até ele e entregar um mapa aos jogadores para ajudá-los a encontrar as pistas.

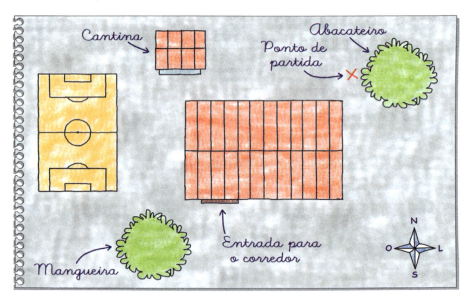

PERCURSO 1

ORGANIZAÇÃO DOS GRUPOS

Organização dos grupos e planejamento de tarefas.

1. Toda a turma participará da criação de um único jogo e cada grupo será responsável por uma parte das tarefas. O primeiro passo é preparar uma lista de tudo o que precisa ser feito para elaborar essa atividade.

- _____
- _____
- _____

- _____
- _____

2. Agora definam os grupos e dividam as tarefas. O seu grupo ficou responsável pelo quê?

_____

_____

O passo seguinte é fazer a parte do jogo que ficou sob a responsabilidade de seu grupo. Nos percursos a seguir estão descritas as atividades necessárias para esse trabalho em equipe.

PERCURSO 2

LOCALIZAÇÃO DO TESOURO

> **Metas**
>
> Definição do local do tesouro e das referências da escola usadas nas pistas. Confecção das pistas do jogo.

1. A turma deve definir o local onde o tesouro será escondido. O grupo responsável por confeccioná-lo dirá qual é o tamanho do tesouro e como ele será guardado.

2. Em seguida, decidam qual será o local de partida e onde as pistas serão colocadas. Essas informações — a localização do tesouro, o ponto de partida do jogo e os locais das pistas — devem ficar claras para o grupo que vai confeccionar o mapa.

3. Agora é preciso descrever cada trecho do percurso. Saindo do ponto de partida, os jogadores devem chegar até o local da primeira pista: o caminho deve ser indicado por meio de direções cardeais e referências espaciais da escola. Em seguida, é importante pensar no que indicar para os jogadores chegarem à pista 2 e às demais, até encontrarem o tesouro.

4. As pistas devem ser escritas em pequenos pedaços de papel.

5. A última tarefa é encontrar uma forma de esconder as pistas.

Cuidado com a caligrafia: as pistas precisam ser lidas facilmente pelos jogadores.

A dica é usar caixinhas que seriam descartadas para guardar os papéis e esconder as pistas.

PERCURSO 3

CONFECÇÃO DO MAPA DO TESOURO

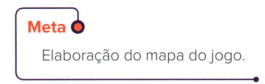

Meta
Elaboração do mapa do jogo.

O grupo que vai elaborar o mapa deve seguir estas instruções.

1. Reúnam as informações de localização do tesouro, do ponto de partida, das pistas e dos pontos de referência citados nas pistas. Registrem no quadro a seguir.

Local do tesouro	
Local de partida do jogo	
Local de cada pista	
Pontos de referência citados nas pistas	

2. Quais dessas informações devem ser indicadas no mapa do tesouro? Para responder a essa questão, retomem as regras do jogo. No ponto de partida os jogadores receberão o mapa e as indicações para chegar à primeira pista. Será que é uma boa ideia indicar a localização das pistas no mapa? Isso tornaria o texto das pistas inútil, pois bastaria seguir o mapa para chegar a elas. Afinal, qual é o papel do mapa? Há algo no texto das pistas que pede a leitura do mapa? O quê? Discutam essas questões em grupo e retomem o combinado com a turma. Anotem no caderno o que foi decidido.

3. Após definir o que entrará no mapa do tesouro, o passo seguinte é montar um desenho do prédio e de outros elementos da escola que possam ajudar os jogadores na orientação. Basta retomar o desenho que fizeram e, se necessário, voltar à área do pátio onde vocês identificaram as direções cardeais.

! Observe na página 86 que o espaço para o desenho do mapa do tesouro já tem uma rosa dos ventos, então tome cuidado quando for desenhar corretamente o prédio da escola e os demais elementos.

4. No desenho, devem ser escritos os pontos de referência necessários para os jogadores. Exemplo: se uma pista diz "O local está a leste do banheiro", os jogadores devem identificar o banheiro no mapa do tesouro.

5. Por fim, complete o folheto da página 86 com as regras que os jogadores devem seguir.

PERCURSO 4

O TESOURO

> **Meta**
> Definição e confecção do tesouro e de seu "baú".

O grupo que ficou responsável por elaborar o tesouro deve seguir estes passos.

O que oferecer aos jogadores como tesouro? Pode ser um objeto para cada jogador levar para casa ou algo para todo o grupo. Seguem duas sugestões para vocês se inspirarem.

Helicóptero girador

Material:

- tesoura sem ponta;
- fita adesiva transparente;
- lápis;
- canudo;
- régua;
- uma folha de papel colorido grosso.

Como fazer

1. Usando a tesoura, corte ao meio cerca de 3 cm do canudo.

2. Para fazer a pá do helicóptero, trace no papel colorido um retângulo de medida 2 cm × 14 cm e recorte-o.

3. Marque o centro do retângulo e fure-o usando o lápis (antes, coloque embaixo uma borracha para não estragar a mesa nem o lápis).

4. Insira o canudo na pá de papel, com a ponta cortada para cima. Posicione cada ponta do canudo para um lado e cole-as com a fita adesiva.

 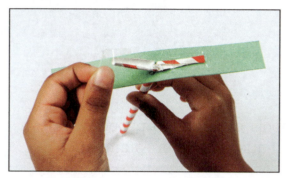

5. Torça a pá de papel em direções opostas.

6. O helicóptero está pronto! Para fazê-lo voar, gire o canudo com a palma das mãos: empurre a mão direita para frente e solte o helicóptero.

Fonte: Jack Challoner. *Maker Lab: Outdoors*. Nova York: Dorling Kindersley/Smithsonian, 2018. p. 107-109.

Abacaxi na camiseta

Você vai precisar de:
- 1 bandeja de isopor limpa
- Caneta
- Tinta para tecido
- Rolo pequeno de pintura
- Estilete (ou tesoura, para cortar o isopor)

Modo de fazer

1. Pegue uma bandeja de isopor (pode ser dessas para frios). Se precisar, recorte as bordas, mas existem algumas que já vêm planas.

2. Depois desenhe no papel o abacaxi que vai querer estampar.

3. Recorte o molde e passe para o isopor. Nessa hora, capriche na pressão da caneta, para que os traços fiquem bem marcados na matriz.

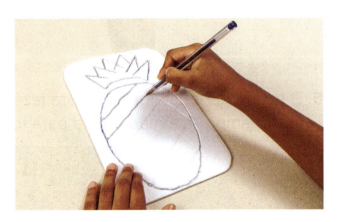

4. Recorte a figura final, passe tinta para tecido com um rolinho de pintura em cima da matriz de isopor e posicione na camiseta. Pressione de leve, para não borrar, e tire com cuidado.

A mágica está feita! Não é o máximo?

Você pode usar mais de uma cor na sua estampa. Para isso, basta dividir a matriz e aplicar uma de cada vez.

Estéfi Machado. *O livro da Estéfi: crafts para fazer em família.*
São Paulo: Companhia das Letrinhas, 2016. p. 52-53.

O helicóptero é um exemplo de "tesouro" individual: vocês devem fazer um objeto para cada jogador. Já a serigrafia em tecido com matriz de isopor é um exemplo de vivência, pois o "tesouro" se transformará em uma sessão de pintura de camisetas.

Após decidir qual será o tesouro, é hora de confeccioná-lo. Nesse momento, também é necessário pensar no "baú": em que local guardar o tesouro para deixá-lo no esconderijo?

PERCURSO 5

ELABORAÇÃO DAS REGRAS E TESTE

1. Agora é a hora de testar se tudo está funcionando. Reúnam tudo que foi produzido e revisem as regras.

   > **Meta**
   >
   > Simulação de uma partida do jogo para a conferência de todo o material.

2. Dividam-se em grupos para que alguns alunos simulem ser os jogadores e outros, os organizadores. Os jogadores precisam ficar atentos às pistas e tentar chegar ao tesouro seguindo o que está escrito. Os organizadores devem verificar o que está faltando ou se alguma regra deixou o jogo muito fácil ou muito difícil.

3. Refaçam o que não funcionou.

ETAPA 3) RESPEITÁVEL PÚBLICO

O jogo está pronto, então é hora de organizar o evento. Quantas pessoas vão participar de cada rodada? Quem vai acompanhar os jogadores? Há mapas para todos? E "tesouros"?

Quando pensamos em caça ao tesouro, logo imaginamos objetos típicos de histórias de piratas, como baús e lunetas. Use esses elementos no convite aos participantes do jogo.

Essas são algumas questões que o grupo responsável por essa etapa deve discutir para realizar o jogo na escola. Listem as tarefas e incluam outras.

Antes do jogo	Fazer cópias do mapa.
	Elaborar convites para a participação no evento.
Durante o jogo	Organizar os participantes em equipes.
	Esconder o tesouro e as pistas.
	Ocultar as pistas logo após serem lidas pela equipe de jogadores.
	Orientar os jogadores quanto às regras.
Após o jogo	Recolher o material.

Definidas as tarefas, cada aluno deve informar aos colegas como quer participar. Anote qual será sua responsabilidade no evento.

_____

_____

BALANÇO FINAL

O que você aprendeu no decorrer desse projeto? Compartilhe com os colegas suas descobertas e também os desafios que experimentou ao longo das atividades. As perguntas a seguir podem ajudá-lo nessa roda de conversa.

1. Você já havia utilizado o Sol para se orientar? Já tinha observado que, ao longo do dia, áreas diferentes dos cômodos podem ser iluminadas ou não pela luz solar?

2. Seria possível organizar um jogo de **caça ao tesouro** sem o conhecimento de direções cardeais e da trajetória aparente do Sol?

3. Os participantes do jogo conseguiram utilizar a informação das direções cardeais? Foi preciso dar alguma explicação? Qual?

AUTOAVALIAÇÃO

No quadro a seguir você pode rever o que aprendeu ao longo deste projeto. Preencha-o e depois compartilhe suas impressões com os colegas e o professor: O que foi fácil e o que representou um grande desafio para você?

Eu aprendi a...	😊	😐	😣
...observar a luminosidade solar nos ambientes internos.			
...identificar a trajetória aparente do Sol no céu.			
...reconhecer as direções cardeais pela sombra de meu corpo em dois momentos do dia.			
...elaborar um mapa do tesouro de uma área conhecida.			

Sim 😊   Um pouco 😐   Não 😣

Projeto

Por onde eu vou?

Quando seus pais, ou outros adultos que moram com você, colocam uma panela de metal no fogo, eles pedem para você ficar longe e ter cuidado? Isso acontece porque a panela fica muito quente e pode queimar nossa pele. Para movimentá-la, os adultos tocam apenas o cabo, que pode ser de madeira, de silicone ou de resina. Esses materiais se aquecem menos do que o metal e, por isso, podem ser tocados.

Você sabia que os materiais aquecem e resfriam de maneiras diferentes quando expostos ao calor? Vamos conhecer melhor esse fenômeno.

DE OLHO NO TEMA

Você já percebeu que, quando nós andamos por uma calçada em um dia ensolarado, também escolhemos o caminho por onde seguir de acordo com a capacidade dos materiais de se aquecer mais ou menos? Muitas vezes, essa escolha é intuitiva.

Se quiser caminhar pelo trajeto mais fresco, você escolhe seguir por qual caminho?

DIRETO AO PONTO

Quando caminhamos sob o Sol, faz diferença onde pisamos?

QUAL É O PLANO?

Criar um divertido jogo de tabuleiro em que os jogadores deverão seguir por caminhos com mais ou menos calor, de acordo com os personagens.

Etapa 1 – Explorando o assunto

- Materiais que se aquecem e se resfriam
- A temperatura em Celsius

Etapa 2 – Fazendo acontecer

Percurso 1: Um lugar para o jogo
Percurso 2: Elaboração do jogo

Etapa 3 – Respeitável público

Como pôr o jogo à disposição dos colegas para que eles brinquem livremente.

ETAPA 1 — EXPLORANDO O ASSUNTO

Materiais que se aquecem e se resfriam

Em contato com o calor, os materiais podem se aquecer em intensidades bem diferentes: uns ficam muito quentes; outros, menos.

Tomar um sorvete em um dia de calor é uma delícia! Mas temos de ser rápidos porque o sorvete derrete rapidamente e a casquinha, com o passar do tempo, perde a crocância e fica mole.

Vamos fazer alguns experimentos em que podemos observar o aquecimento e o resfriamento dos materiais?

Aquecimento dos materiais

Em grupo

1. Vocês vão precisar de uma vasilha rasa, um pouco de manteiga, uma colher de madeira, uma colher de plástico, uma colher de metal e água quente.

2. Coloquem as três colheres dentro da vasilha, com a parte côncava da colher para cima.

3. Cortem do mesmo tamanho três pequenos pedaços de manteiga congelada.

4. Cubram o espaço embaixo da vasilha para proteger a mesa. Coloquem um pedaço de manteiga em cada colher de modo que ele não caia.

5. Com a ajuda de um adulto, despejem a água quente com cuidado dentro do recipiente.

6. Observem o estado da manteiga nas três colheres. Vocês podem registrar o que acontece com a manteiga usando a câmera do celular.

Não tente aquecer a água sozinho. Peça a um adulto que faça isso por você!

Fonte: *Méga expériences*. Paris: Nathan, 1995. p. 28.

REFLITA E REGISTRE

1. Preencha o quadro a seguir com suas observações a respeito de cada pedaço de manteiga.

Na colher de madeira	Na colher de plástico	Na colher de metal

2. Todos os pedaços de manteiga derreteram da mesma forma e ao mesmo tempo? Algum deles derreteu mais rápido? Qual? Por quê?

71

A sensação da temperatura com as mãos

Material:

- três recipientes;
- água gelada;
- água em temperatura ambiente;
- água aquecida (temperatura confortável ao corpo humano).

> ❗ Peça ajuda a um adulto para aquecer um pouco a água.

Como fazer

1. Encha o primeiro recipiente com água gelada; o segundo, com água em temperatura ambiente; e o terceiro, com água aquecida.

2. Coloque, ao mesmo tempo, uma mão na água gelada e outra na água aquecida. Espere alguns instantes.

água gelada   água ambiente   água aquecida

água gelada   água ambiente   água aquecida

3. Coloque ambas as mãos, ao mesmo tempo, no recipiente com água em temperatura ambiente. Observe a sensação das duas mãos e compartilhe-a com a turma.

4. Reveze com os colegas até que todos tenham realizado o experimento.

72

REFLITA E REGISTRE

1. O experimento que você realizou garante que nossa mão é adequada para medir temperaturas? Por quê?

   _____
   _____
   _____
   _____

2. Se a água gelada ou a água aquecida estivessem insuportáveis, como seu corpo teria alertado você a não colocar a mão nas vasilhas?

   _____
   _____
   _____
   _____

VAMOS APROFUNDAR

Mão não é termômetro

Embora nossa mão não seja 100% confiável para medir temperaturas, podemos confiar nela em algumas situações de temperaturas extremas. Ao tocarmos algo muito quente – uma panela que acabou de sair do fogo, por exemplo – ou muito gelado – como um bloco de gelo –, logo sentimos um desconforto. Esse é um sinal do nosso corpo para avisar: alô, essa temperatura não é segura! Tire a mão daí!

Fernanda Turino. Mão não é termômetro. *Ciência Hoje das Crianças*, 8 out. 2012. Disponível em: http://chc.org.br/mao-nao-e-termometro. Acesso em: 4 abr. 2019.

Photo Studio/Shutterstock.com

VAMOS AGIR

O esfriamento dos materiais

Você já observou o que acontece com diferentes materiais quando aquecidos. Agora, vamos observar o efeito do congelamento da água.

1. Você vai precisar de uma seringa pequena sem agulha, cola quente, corante alimentício e caneta permanente.

2. Com a ajuda de um adulto, sele o bico da seringa com a cola quente.

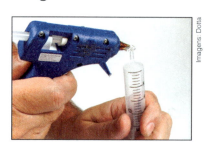

3. Misture o corante na água e encha metade da seringa com a água colorida. Feche a seringa com o êmbolo.

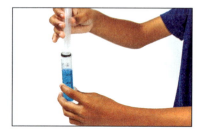

4. Use a caneta permanente para marcar o ponto até onde a seringa está cheia de água.

5. Coloque a seringa no congelador por quatro horas ou mais, até que a água congele completamente.

O que você imagina que vai acontecer com a água?

6. Retire a seringa do congelador e encontre a marca que você havia feito.

REFLITA E REGISTRE

1. A água congelada corresponde à marca que você fez anteriormente? O espaço ocupado pelo gelo na seringa é maior ou menor que o espaço da água na temperatura ambiente?

2. O que você imaginou que aconteceria se confirmou?

Ruas e calçadas que deslizam

Você já conseguiu observar o que acontece quando a água congela nas ruas?

Em locais frios, um pouco de água acumulada preocupa muito as pessoas. Basta uma chuvinha fina, por exemplo, para se formar uma camada de gelo sobre ruas e calçadas, pois as baixas temperaturas congelam a água e o volume dela aumenta, como você pôde observar no experimento da página anterior.

Em locais frios, quando chove e a temperatura cai muito, as pessoas sabem que se formará uma camada de gelo e que os carros podem deslizar nela, causando acidentes. Por isso, colocam estas correntes nos pneus.

Nesses locais, as pessoas também enfrentam desafios para caminhar em calçadas com uma fina camada de gelo. Para isso, há um equipamento que elas acoplam ao sapato e que oferece mais segurança ao caminhar.

A água congelada tem um volume maior; quando aumenta a temperatura, ela descongela e o volume dela diminui.

Afinal, por onde caminhar em um dia de Sol?

Em um dia de muito Sol e calor, você já procurou a sombra de uma árvore? Essa sensação de satisfação proporcionada pela sombra é chamada de conforto térmico.

O bem-estar também é fundamental quando estamos dentro de edifícios. Por isso, os arquitetos e engenheiros se preocupam com o material utilizado nas construções, principalmente as telhas.

O aquecimento de diferentes materiais

Em grupo

1. Vamos comparar o aquecimento de diferentes materiais. Para isso, vocês vão precisar de um termômetro de área externa.

2. Caminhem pela escola à procura de diferentes materiais que estejam recebendo luz solar e sobre diferentes pisos.

3. Registrem com o termômetro a temperatura desses materiais em diversas condições: ao receber radiação solar direta e em um local sombreado; quando se encontram sobre um piso cimentado e sobre uma superfície gramada.

Material	Temperatura com		
	Piso	Insolação direta	Sombra
	cimentado		
	gramado		
Material	**Piso**	**Insolação direta**	**Sombra**
	cimentado		
	gramado		

REFLITA E REGISTRE

1. As temperaturas são mais altas na sombra ou nas áreas em que os raios solares chegam diretamente ao solo?

   _____

   _____

2. Que tipo de material alcançou as temperaturas mais elevadas? E que tipo registrou as mais baixas?

   _____

   _____

A temperatura em Celsius

Para comparar o calor em cada local de sua escola, você usou um termômetro. Ele indica um valor numérico que possibilita comparar a temperatura de diferentes tipos de material. A quantidade de calor produzida em cada material foi indicada em seu termômetro por uma unidade de medida chamada **graus Celsius**. Ela foi proposta pelo astrônomo sueco Anders Celsius. Conheça um pouco dessa história.

O termômetro é o instrumento utilizado para medir a temperatura. A escala em graus Celsius possibilita comparar os valores e saber quando o corpo está com febre.

Você já deve ter ouvido por aí: "Hoje, a temperatura é de 22 graus centígrados", ou algo assim. Essa maneira de medir a temperatura é conhecida como "escala Celsius".

Uma escala nada mais é que uma linha ao longo da qual são feitas marquinhas numeradas para se medir alguma coisa. Celsius estava interessado em comparar numericamente diferentes temperaturas.

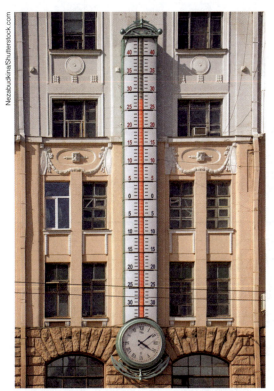

Termômetro gigante na fachada de um prédio na cidade de Kharkiv, na Ucrânia.

O motivo pelo qual a escala criada por Celsius foi tão bem-sucedida e é usada até hoje é que ele tomou como pontos de referência duas temperaturas estáveis e relativamente fáceis de reproduzir. A primeira delas foi a temperatura na qual a água congela, e a segunda, a temperatura na qual a água ferve.

[...]

Atribuiu-se o valor zero ao ponto no qual a água congela e o valor 100 ao ponto no qual ela ferve, e dividiu-se a distância entre um e outro ponto no termômetro em 100 "graus" de tamanhos iguais, motivo pelo qual a escala também é conhecida como "escala centígrada".

Beto Pimentel. Medindo o calor e o frio. *Ciência Hoje das Crianças*, 25 jul. 2012. Disponível em: http://chc.org.br/coluna/medindo-o-calor-e-o-frio. Acesso em: 4 abr. 2019.

Por onde eu vou?

1. No mapa ao lado, determine qual é o caminho asfaltado e qual é o caminho de terra e pinte-os. No fim do livro (página 95), você encontra outros elementos do parque. Recorte-os.

2. Ana gosta do caminho que faz porque ele tem muitas árvores, que a protegem da insolação. Cole as árvores na área percorrida por ela.

3. Antônia disse que gostaria de brincar nos gramados. Cole os brinquedos no parque de modo que ela consiga vê-los do caminho que faz todos os dias.

4. Agora é sua vez! Invente um personagem, conte a história dele e preencha o desenho com elementos relacionados. Use seus conhecimentos para criar um caminho agradável.

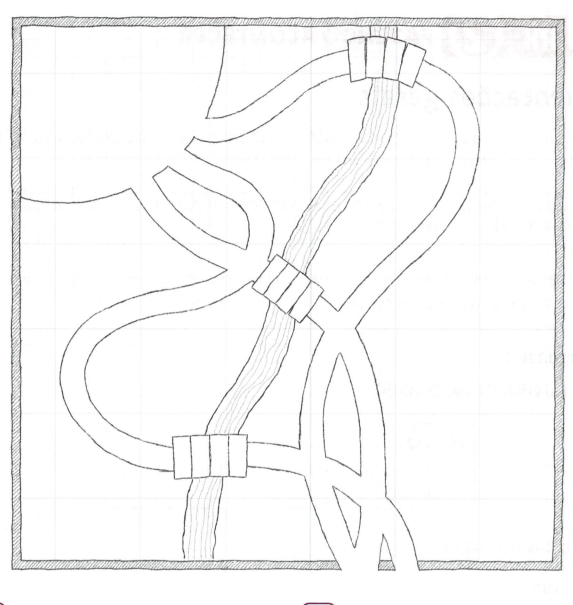

REFLITA E REGISTRE

1. Quem circula pelo caminho mais fresco? O que influencia no conforto térmico desse caminho?

2. Você acredita que todas as pessoas podem entender o que o desenho mostra? Indique na legenda o que significa cada elemento, como rio, gramado, árvore, brinquedo, caminho de terra, entre outros.

ETAPA 2 — FAZENDO ACONTECER

Orientações gerais

Nossa proposta é que vocês criem um jogo de tabuleiro bem divertido que possa ser usado por todos os alunos da escola.

> Podemos usar os conhecimentos sobre a influência dos materiais no conforto térmico para criar um jogo de tabuleiro?

Use seus conhecimentos para criar um jogo que mostre diversos trajetos que passam por locais frescos e confortáveis e também por locais quentes.

PERCURSO 1

UM LUGAR PARA O JOGO

Meta

Organizar os grupos, planejar as tarefas e decidir o lugar para o jogo.

Escolha do lugar

Em grupo

1. Cada grupo será responsável por elaborar uma parte do jogo: confeccionar o tabuleiro, inventar os personagens, criar os desafios das casas do jogo, conseguir os pinos e o dado.

2. Escolham um local para transformá-lo no tabuleiro do jogo: ele precisa ter áreas que recebam a luz do Sol e também áreas com sombra; além disso, nele precisa haver tipos de material com diferentes composições, como área gramada e cimentada. Na entrada da escola, há um jardim próximo à calçada? Esse pode ser um excelente lugar!

Gohengs/Shutterstock.com

Levantamento de informações

3. Usem barbante para marcar três trajetos. Cada um precisa ter uma característica diferente, como uma área cimentada, que deixa o local muito quente e, ao contrário, uma área com sombra das árvores; pode ser, ainda, uma área gramada fresca. Experimentem diversos caminhos, mudando o barbante de posição, até decidir os trajetos.

4. Com os barbantes marcando a posição final dos trajetos, é hora de desenhá-los. Imaginem que vocês estejam sobrevoando o local, vendo, do alto, os elementos do lugar e também o caminho formado pelos barbantes.

5. Desenhem o traçado formado pelos barbantes e os demais elementos, como a área gramada, a área cimentada e a posição das árvores.

PERCURSO 2

ELABORAÇÃO DO JOGO

> **Meta**
> Criar os personagens e as regras do jogo.

As regras do jogo

Em grupo

Vocês podem criar livremente um jogo usando os trajetos. Ele pode acontecer no local em que os trajetos foram marcados ou ser transformado em um tabuleiro. As regras também podem ser elaboradas livremente por vocês. A sugestão a seguir é apenas para inspirá-los!

1. Transformem o desenho do local feito no **Percurso 1** em um tabuleiro de jogo. Nele, vocês deverão indicar a posição das árvores, os caminhos (formados de quadrados, que são as casas do jogo) e também o material que recobre a superfície, como calçamento, grama, terra etc.

   O nosso exemplo do parque fica assim quando usamos cores para indicar o conforto térmico:

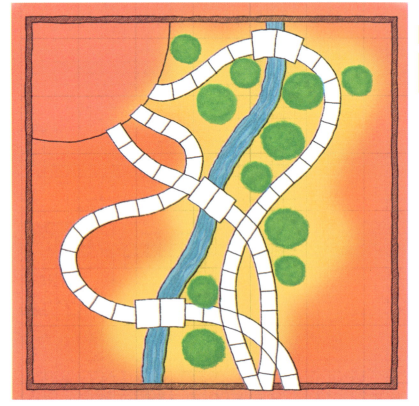

Rio
Árvores
Menos calor
Mais calor

As cores indicam o conforto térmico nesse local: o verde corresponde às árvores, onde há sombra; o amarelo, o laranja e o vermelho indicam a quantidade de calor – os locais com maior desconforto térmico estão em vermelho!

82

2. Você se lembra das personagens da atividade? Elas são as personagens do jogo: quem tirar a carta da Ana, por exemplo, precisa colocar seu pino lá no caminho longo, embaixo das árvores. No jogo de vocês, sugerimos que também sejam criadas três personagens, uma para cada trajeto: elas devem ter relação com as características do trajeto, como no exemplo.

Em nosso exemplo, as personagens da brincadeira no parque virariam cartas e os jogadores precisam assumir uma das personagens para seguir por um dos trajetos no tabuleiro. Que desafios essas personagens teriam pelo caminho?

3. Agora, é só criar os desafios. Exemplo: "Você caiu em uma casa em que faz muito calor e precisa evitar o Sol: ande duas casas para frente!". Vocês conhecem esse tipo de jogo de tabuleiro? Jogamos o dado e andamos o número de casas correspondente ao valor que saiu; em algumas casas, há um desafio como esse, que são mensagens de sorte ou azar. Outros exemplos:
- Está muito quente: descanse aqui e fique duas rodadas sem jogar.
- Você se esqueceu de encher a garrafa no bebedouro: volte três casas.
- Esse gramado é um convite para a corrida: avance duas casas.

4. Providenciem um dado e alguns objetos pequenos para serem utilizados como pinos no jogo.

ETAPA 3 RESPEITÁVEL PÚBLICO

Na sua escola, há mesas no pátio com jogos de tabuleiro? Ou algum outro local onde os alunos possam jogar cartas e outros jogos? Seria muito interessante se os colegas da escola pudessem brincar com um jogo que vocês criaram, não é?

Para que o jogo esteja disponível para outros alunos, vocês precisam preparar algumas coisas.

- O tabuleiro, os pinos, as cartas e o dado devem ficar em uma caixa, para que não se percam. Segue uma sugestão de como montar uma caixa para guardar as peças.

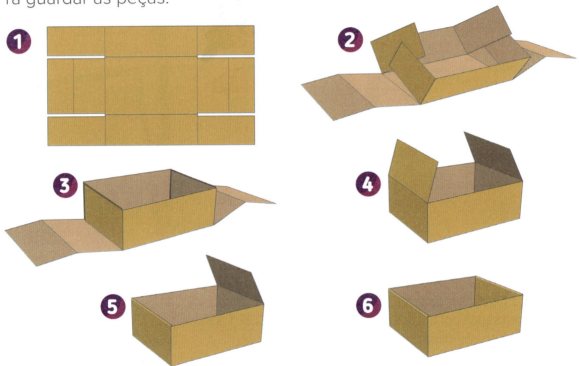

- As regras precisam estar escritas para que os alunos possam jogar. Sugerimos que vocês expliquem como o jogo funciona usando a própria caixa: escrevam e desenhem as regras em um papel e colem no fundo da caixa; assim, elas ficam disponíveis a todos que decidirem brincar com o jogo.
- Completem a lista com o que mais consideram necessário:

_____

_____

_____

 **BALANÇO FINAL**

Quando começamos nossa investigação, queríamos descobrir se faz diferença onde pisamos quando caminhamos sob o Sol. O que vocês descobriram? Compartilhem o que aprenderam com os colegas. Para essa conversa, você pode começar respondendo às seguintes perguntas:

1. Você já havia percebido que os materiais se aquecem e se resfriam de maneiras diferentes?

2. O que foi aprendido neste projeto ajuda a escolher os melhores tipos de material no dia a dia?

 **AUTOAVALIAÇÃO**

No quadro a seguir, você pode rever o que aprendeu ao longo deste projeto. Preencha-o e, depois, compartilhe com os colegas e o professor suas impressões: O que foi fácil e o que representou um grande desafio para você?

Eu aprendi a...	🙂	😐	😣
...identificar os efeitos do aquecimento e do resfriamento de materiais.			
...reconhecer as diferenças no aquecimento dos lugares.			
...usar um termômetro para comparar a quantidade de calor em diferentes locais.			
...construir um jogo que se passa em um local conhecido.			

Mapa do tesouro (página 61 do livro)

Estrutura da revista (página 23 do livro)

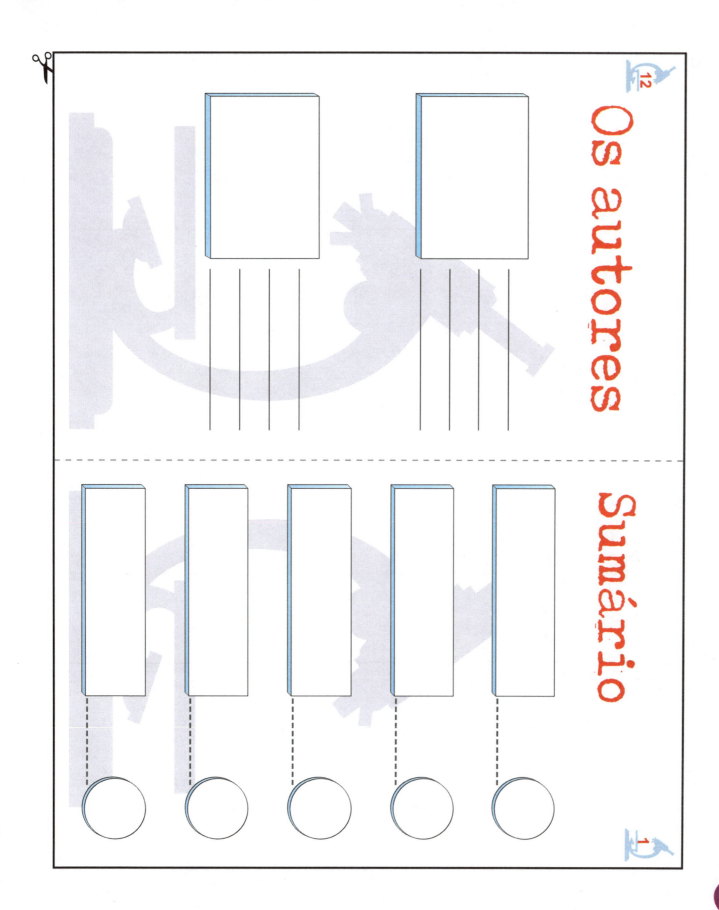

90

7

6

Maquete da escola (página 54 do livro)

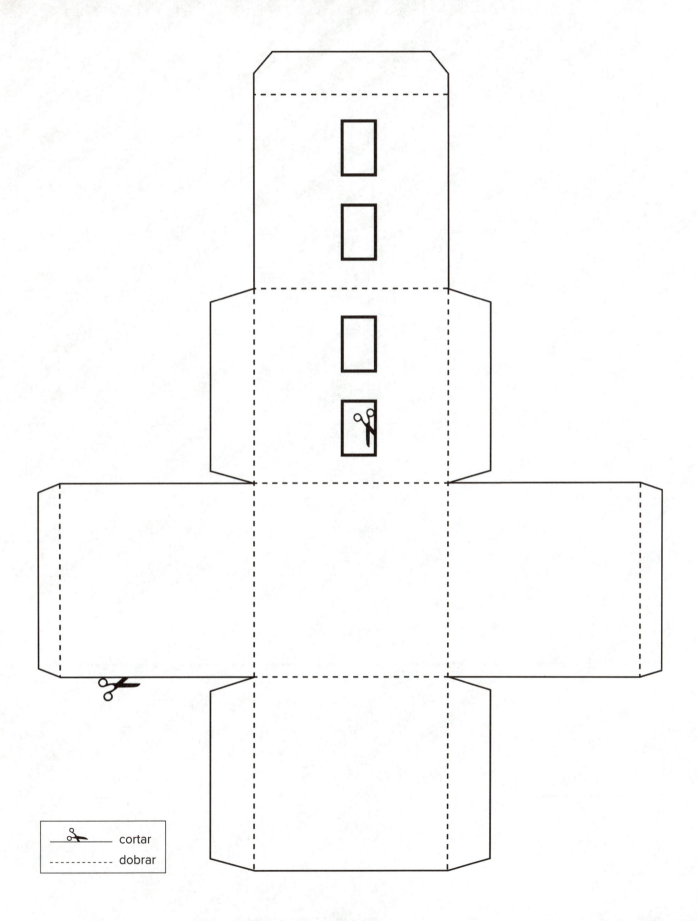

cortar
dobrar

93

Por qual caminho eu vou? (página 79 do livro)